Anonymous

Carl August in Frankfurt a.M.

und die glücklichsten Tage im Leben der Eltern Goethe's 18. bis 23.

Herbstmonates 1779. Bericht über eine Feier in Goethe's Vaterhause

Anonymous

Carl August in Frankfurt a.M.
und die glücklichsten Tage im Leben der Eltern Goethe's 18. bis 23. Herbstmonates 1779. Bericht über eine Feier in Goethe's Vaterhause

ISBN/EAN: 9783743624818

Hergestellt in Europa, USA, Kanada, Australien, Japan

Cover: Foto ©ninafisch / pixelio.de

Weitere Bücher finden Sie auf **www.hansebooks.com**

Carl August in Frankfurt a. M.

und

die glücklichsten Tage im Leben der Eltern Goethe's

18. bis 23. Herbstmonates 1779.

———— ✣✥❂❂✦✣ ————

Bericht über eine Feier in Goethe's Vaterhause

veranstaltet vom

Freien Deutschen Hochstifte

für Wissenschaften, Künste und allgemeine Bildung

daselbst

am 19. Herbstmonates 1879.

Sonderabdruck aus den Berichten des Freien Deutschen
Hochstiftes 1878/79.

Mit vier Bildnissen — einem der Herzogin Anna Amalia, einem des Prinzen
Constantin und zweien des Herzogs und Großherzogs Carl August —
in Lichtdruck.

———— ✣✥❂❂✦✣ ————

Frankfurt a. M.,

Freies Deutsches Hochstift.

(In Besorgung bei S. A. Brockhaus in Leipzig.)

1880.

Dem

Erhabenen Enkel Carl August's

Seiner Königlichen Hoheit

dem Durchlauchtigsten Großherzoge und Herrn

Carl Alexander

Großherzoge zu Sachsen-Weimar und Eisenach

Hohem Beschützer

des

Freien Deutschen Hochstiftes

ehrfurchtsvoll gewidmet

vom

Freien Deutschen Hochstifte.

Heil Weimar's Fürsten-Throne!
Und wär' er noch so klein:
Es prangt um seine Krone
Ein heller Strahlenschein,
Gleich wie der Glanz der Sterne,
Der durch die Wolken bricht,
Der in der Näh' und Ferne
Uns Licht verleiht, mehr Licht!

———————

Vorwort.

. . .

Die Ueberzeugung, daß die Darstellung der im Folgenden geschilderten Beziehungen auch außerhalb der Genossenschaft des Freien Deutschen Hochstiftes warme Antheilnahme zu finden erwarten dürfe, veranlaßt uns, diesen Sonderabdruck aus den Berichten des F. D. H. 1878/79 (S. 457—492) zu veröffentlichen.

Fanden wir uns bei der weihevollen Feier der Erinnerung an die glücklichsten Tage im Leben der Eltern Goethe's mit lebhaftestem Danke erfüllt gegen die Huld Seiner Königlichen Hoheit des Großherzogs Carl Alexander, Welche unser Stiftshaus, gleichsam zur Erneuerung des Besuches Carl August's, in den Gedächtnißtagen mit unschätzbaren Bildnissen schmückte, so werden sich solchem Danke nunmehr alle Diejenigen anschließen, welchen wir, durch neue Huld unseres Hohen Beschützers, eine reiche Freude zu bereiten vermögen, indem wir ihnen mit diesem bescheidenen Berichte die, sicherlich jedem Bewunderer der mit Weimars Verklärung verbundenen Glanzzeit unseres Vaterlandes hochwillkommenen Nachbildungen jener bisher noch nie veröffentlichten Bildnisse darbieten.

Wir machten uns zu Boten dieses vereinigten Dankes, indem wir wagten, mit Allerhöchst gewährter Genehmigung, diese einfachen Blätter Seiner Königlichen Hoheit ehrfurchtsvoll zu widmen.

———————

Die Vorbilder der Bildnisse finden sich auf S. 34 und 35 beschrieben, und zwar 1) auf S. 34 unter 1; 2) auf S. 35 unter 4; 3) auf S. 35 unter 3; 4) auf S. 34 unter 2. Das letztere haben wir, um es mit 1) und 3) vereinigt als Schmuck des vor hundert Jahren von Carl August bewohnten Zimmers im Goethehause verwenden zu können, in Rundform aufnehmen lassen, während das Vorbild rechteckig ist.

Druckfehler.

S. 27, Zeile 8 von oben statt 1790 lies: 1779.

Nachtrag und Berichtigung.

In Betreff des, auf S. 35 unter 4 beschriebenen, zweiten der folgenden Bilder, welches wir als Bildniß des eilfjährigen Herzogs Carl August mitgetheilt haben, — wie wir dasselbe in unserm Besitze als Geschenk des weiland Herrn Archivrathes Gustav Kestner (des Sohnes der Wetzlarischen „Lotte") von Dessen eigener Hand bezeichnet finden — und dessen Züge man in dem vierten Bildnisse theilweise (besonders in der Kinn= und Stirnbildung) so augenfällig wieder zum Vorschein kommen zu sehen glaubt, ist uns vergönnt, nach Vollendung des übrigen Druckes, an dieser Stelle noch die wichtige Berichtigung nach=zutragen, daß solches nicht den Herzog Carl August, sondern Dessen jüngeren Bruder, den in jugendlichem Alter verstorbenen Prinzen Constantin darstellt. Wir verdanken diese Aufklärung keinem geringeren Gewährsmanne, als Seiner Königlichen Hoheit, dem Großherzoge Carl Alexander zu Sachsen Aller-höchstselber.

Indem wir dieselbe hier mit unterthänigstem Danke benutzen, sind wir überzeugt, daß auch in solchermaßen berich=tigter Bedeutung das hoffnungsselige Angesicht eines jungen Fürsten von Niemandem ohne herzlichste Zuneigung betrachtet werden wird und daß, in Ermangelung eines Bildes des Herzogs Carl August Selber aus gleichem Alter, Jeder sich gern nach einer brüderlichen Aehnlichkeit auch Goethe's großen Freund so vorgestellt sehen möchte.

Anna Amalia,

Herzogin zu Sachsen, geb. Herzogin zu Braunschweig-Lüneburg.

Das Vorbild befindet sich im Besitze des Großherzoglich Sächsischen Hauses in Weimar.

Conſtantin, Prinz zu Sachſen-Weimar,

im Alter von 11 Jahren.

Das Porträt befindet ſich im Beſige des Kestner'ſchen Hauſes in Hannover.

Carl August, Herzog zu Sachsen,

im Alter von etwa 18 Jahren.

Carl Auguſt, Herzog zu Sachſen,

Im Alter von 60 Jahren.

.

Die Tage des höchsten Glanzes, welche Goethe's Vaterhaus gesehen, waren die Herbsttage des Jahres 1779, während deren, mit dem gefeierten Dichter, der schon bei der Vollendung seines dreißigsten Lebensjahres zur höchsten Stellung in einem selbstständigen Deutschen Staate gelangt war, zugleich Dessen Allergnädigster Fürst und Herr, der junge Herzog Carl August zu Sachsen-Weimar, als Gastfreund dieses Seines obersten Staatsbeamten, bei den überglücklichen Eltern, dem Herrn Kaiserlichen Wirklichen Rathe Dr. jur. Johann Caspar Goethe und der Frau Rath Catharina Elisabeth Goethe geb. Textor eingekehrt war.

Dieser äußersten Bezeugung des, zwischen dem Durchlauchtigen Fürsten des Heiligen Deutschen Reiches und dem nicht minder Erlauchten Fürsten im Reiche des Geistes, Beiden von Gottes Gnaden, mit bestem Vorbedacht und ganzem Herzen geschlossenen Freundschaftsbundes war eine volle Würdigung bislang noch nicht zu Theil geworden — obwohl dieselbe die eigentliche Eröffnung des, für das Zusammenwirken Beider so bedeutungsvoll durch-

1

geführten, als klug berechneten, vertraulichen Ausfluges war, welchen der einsichtige Wieland mit richtigem Verständnisse als Goethe's Meisterstück sofort nach dessen Beendigung gepriesen hatte. Den zum Throne geborenen, in höfischer Umgebung aufgewachsenen Fürsten ohne die' trübende und trügerische Hülle der Hofluft unmittelbar in's Leben blicken, Ihn Sich als Menschen unter Mitmenschen fühlen, die Zustände derselben ungeschminkt und ungefälscht erkennen und dadurch Seine Aufgabe als Landesbeschützer und Volksbeglücker klar erfassen zu lassen — das war der Zweck, zu welchem Goethe mit dem noch unbefangen empfänglichen Herzoge diese Reise durch Südwestdeutschland und die Schweiz geplant hatte, welchem zu Liebe Carl August Sich die ungewohntesten Entsagungen und Beschwerden auferlegte. Es ist dieser Ausflug ein Seitenstück zu Peters des Großen entsagungsvollem Wandergange nach Zaardam.

Die Erinnerung an den, von so mannigfachem Reize umgebenen Vorgang zu erneuern, war wohl die Genossenschaft zunächst berufen, welche die allseitige Würdigung jener folgenreichen Vorbereitung der edelsten Blüthezeit Weimar's als ihre Pflicht erkennt, und welche zugleich, in ehrenvollster Ausübung der Eigenthumsrechte im Goethehause zu Frankfurt a. M. an der Stelle der Eltern Goethe's, für die Ehre dankbar zu sein hat, welche dem Hause und seinen Bewohnern vor hundert Jahren zu Theil geworden ist.

Das Freie Deutsche Hochstift hatte demgemäß die Veranstaltung einer angemessenen Feier in's Auge gefaßt und zuvörderst durch Vermittlung des d. Z. Obmanns die Frage einer Erledigung nahe legen lassen, ob etwa auf eine unmittelbare Betheiligung Seiner Königlichen Hoheit des Großherzoges Carl Alexander durch einen Erinnerungsbesuch im Goethehause zu hoffen sei. Nachdem die bezügliche Entscheidung dahin gelautet hatte, daß äußere, nicht von den Entschließungen des Erlauchten Fürsten und Herrn abhängige Umstände eine anderweitige Verfügung über die betreffenden Tage bereits veranlaßt hätten, wurde bie Feier in unſerm Kreiſe auf eine Erinnerungs=Sitzung beſchränkt, welche am Abende des 19. Herbſtmonates, als ver= meintlich bemjenigen Tage, an welchem vor hundert Jahren der Herzog Carl Auguſt Abends im Goethehauſe eingetroffen wäre, in ben Räumen abzuhalten ſei, welche bamals von bem Hohen Gaſte bewohnt wurden. Weiter wurde beſchloſſen, in ben folgenden Tagen ebendaſelbſt eine Ausſtellung von Erinne= rungsgegenſtänden zu veranſtalten, welche ben Herzog Carl Auguſt unb Seinen Hof mit Beziehung auf Goethe betreffen. Zu ſolcher Feier ließ Seine Königliche Hoheit ber Großherzog Carl Alexander, burch Vermittlung bes Großherzoglichen Hausmar= ſchals Herrn Grafen von Wedel, unter Bebauern Allerhöchſt Seiner Behinberung, bie Allergnädigſten Glückwünſche dem Freien Deutſchen Hochſtifte hulbvollſt ausbrücken, eine Bezeugung bankbarſt empfundener Allerhöchſter Gunſt, welcher ber Erlauchte Enkel Carl Auguſt's nicht allein bie Gnade der Ueberſendung breier unſchätzbar werthvoller, nach bem Leben gemalter Bildniſſe zum Zwecke ber Bereicherung ber beabſichtigten Erinnerungs=Ausſtellung hinzufügte, ſondern weiter noch bie Schenkung einer vortrefflichen Büſte Seines gefeierten Vorfahren folgen ließ, unb welche nun= mehr, burch Allerhöchſterſeits verfügte, abſchriftliche Mittheilung bes im Großherzoglichen Staats=Archive aufbewahrten Briefes ber Frau Rath Goethe an bie Herzogin Anna Amalia in Weimar vom 24. Herbſtmonates 1779, welchen hier zum erſten Male zu veröffentlichen wir uns glücklich ſchätzen, eine ſchließliche herzerfreuende unb mit ehrfurchtsvollſtem Danke entgegengenommene Beſtätigung gefunden hat.

Am Freitage ben 19. Herbſtmonates Abends 8 Uhr fand in ben vom Herrn Rath Goethe vor 120 Jahren mit grollendem Widerwillen bem Franzöſiſchen Königslieutenant Grafen Thorane eingeräumten, vor 100 Jahren aber um beſto bereitwilliger unb freubiger bem jugenblichen Herzoge unb Seiner einfachen Begleitung bargebotenen Zimmern im erſten Stockwerke bes ehrwürdigen Hauſes auf bem Großen Hirſchengraben Nr. 23 die Feſt=

ſitzung ſtatt. In derſelben hielt der b. Z. Obmann des
F. D. H., Herr Dr. phil. Otto Volger gen. Senckenberg MrFDH,
die folgende Rede.

*

*   *

Hochverehrte Verſammelte! Liebe Stiftsgenoſſen und Freunde!

Wir haben uns in dieſen beſcheidenen Räumen zuſammen=
gefunden zur andachtsvollen Erinnerung an die Tage, welche vor
nunmehr vollen hundert Jahren unter dieſem Dache die Eltern
Goethe's auf den höchſten Gipfel ihres irdiſchen Glückes erhoben
und innerhalb dieſer traulichen Wände das Bild eines unvergleichlichen Freundſchaftsbundes darboten, deſſen ſegensreiche Wirkſamkeit
ſich über unſer ganzes Volk, ja über die ganze Menſchheit und
durch alle kommenden Zeiten erſtrecken ſollte.

Der Beſuch des Herzoges Carl Auguſt mit Goethe in
Deſſen elterlichem Hauſe bildet einen bedeutungsvollen Merkſtein
am Wege der Entwicklung beider Freunde und Ihres für die
geſammte Bildungsgeſchichte ſo folgenreich gewordenen Lebensganges.
Um denſelben richtig zu würdigen, müſſen wir einen Blick werfen
auf den Zuſammenhang der Ereigniſſe, in deren Verkettung die
unter den ungewöhnlichſten Umſtänden ausgeführte Reiſe in die
Schweiz ſich vollzog.

Um die Mitte des vorigen Jahrhundertes erſchien der Fort=
beſtand des Weimariſchen Zweiges des alten Fürſtenſtammes von
Sachſen durch verfrühte Todesfälle mehrfach in Frage geſtellt. In
dem Jahre, in welchem Goethe geboren wurde, ſtarb der Herzog
Ernſt Auguſt und hinterließ ſeinen Erben, den Herzog Ernſt Auguſt
Conſtantin als zwölfjährigen Knaben. Dieſer wurde zur Erſparung
des beſonderen Hofhaltes von ſeinem Vormunde und Vetter, dem
Herzoge zu Sachſen in Gotha ſeinem Lande entführt und in dem
freilich nahe genug benachbarten Gotha erzogen — in einer Weiſe,
welche zu den ungünſtigſten Beurtheilungen, ja zu den ſchwerſten
Beſchuldigungen Anlaß bot. Man klagte, von Weimariſcher Seite,

über seine völlige Absperrung von allem Verkehre mit Weimarischen
Landesangehörigen, zumal einflußreicheren Männern, über seine
unpassende Erziehung, ja, geradezu über Verwahrlosung, über
Beschränkung seines Verkehrs auf einen Hofnarren, welcher jedoch
der heimliche Vermittler zwischen dem Vereinsamten und den um
ihn besorgten Verwaltern seines Erblandes gewesen sein soll. Die
Vormundschaft wurde heftig und mit Erfolg angefochten. Plötzlich
erfolgte ein Machtspruch des Kaisers, durch welchen im Jahre 1755
der achtzehnjährige Fürst für mündig erklärt, der Vormundschaft
entzogen und zur selbstständigen Beherrschung seines bescheidenen
Herzogthums berufen wurde. Wohl war seine geistige Ausbildung
eine sehr mangelhafte; noch größere Bedenken erregte sein geschwächter
Gesundheitszustand. Gleichwohl gelang es ihm, im Jahre 1756
unter der Gunst des Königs von Preußen dessen Nichte, die
schöne und hochgebildete junge Fürstin Anna Amalia, Tochter
des Herzogs Carl von Braunschweig-Wolfenbüttel und Philippine-
Charlottens, der Schwester Friedrichs II., (geboren 1739), zur
Gattin zu gewinnen. Dieselbe gebar ihm am 3. Herbstmonates
1757 den späteren Herzog Carl August, durch welchen der alte
Stamm in diesem Zweige sich fortpflanzen sollte, und welchem Sie,
nach dem bereits im Wonnemonate des Jahres 1758 erfolgten
Tode des kränkelnden Gatten, noch einen nachgeborenen Bruder,
den jungen Herzog Friedrich Ferdinand Constantin schenkte. Der
Herzog Ernst August Constantin hatte, von Sorge um das seiner
Nachkommenschaft drohende Schicksal erfüllt, mehrfache, sich wider-
sprechende Vormundschafts-Anordnungen hinterlegt, von welchen
die den König von Dänemark zum Beschützer seines Erben bestel-
lende die meiste Aussicht auf Anerkennung hatte. Allein einfluß-
reicher Verwendung beim Kaiser gelang es, durchzusetzen, daß die
junge Herzogin Anna Amalia Selber als alleinige Vormünderin
bestellt und anerkannt wurde. Im Jahre 1759 trat Dieselbe in
diese Rechte und zugleich in die Selbstständige Leitung des Ihrer
Sorge anvertrauten Herzogthumes ein. Eine siebenzehnjährige
Jungfrau hatte Sie Ihre Heimath verlassen; kaum zwanzigjährig

stand Sie nun da auf dem Ihr fast noch fremden Boden, als
gewesene Gattin, als Wittwe, als Mutter, als verantwortliche
Vormünderin Ihrer Söhne, als Herrscherin Ihres Landes. Keines-
wegs aber wurden die schwierigen Aufgaben, welche das Schicksal
der Schwergeprüften stellte, Derselben durch günstige Umstände
erleichtert. Im Gegentheile, die Verhältnisse, welche Anna Amalia
in Weimar vorfand, waren nur geeignet, Sie zu entmuthigen,
Ihr die Freudigkeit zu den großen Pflichterfüllungen, welche von
Ihr gefordert wurden, zu trüben. Erzogen an einem von Reich-
thum und Glanz umgebenen und über die blühendsten gesellschaftlichen Beziehungen verfügenden Hofe, mußte Sie in Weimar die
verfallenen Zustände eines verwahrlosten und längere Zeit gänzlich
aufgehoben gewesenen Hofhaltes und einer verkommenen, ja, ver-
wilderten Gesellschaft ertragen lernen. Die Art, in welcher die
junge Herzogin dies Loos ertrug, wie Sie Sich Ihrer Lebens-
aufgabe bemächtigte und dieselbe löste, muß unsere höchste Bewun-
derung, muß ehrfurchtsvolles Staunen erregen. Sie wußte, daß
auf Ihr die Zukunft des Weimarischen Hauses und Landes beruhte.
Wie Sie den Stammhalter des ersteren geboren hatte, so sollte Sie
letzterem die Möglichkeit des selbstständigen Fortbestandes und aus-
sichtreicher Entwicklung gewähren. Und Sie that es mit wunder-
bar kluger Voraussicht, mit fast unbegreiflich richtiger Erkenntniß.
Es war die Zeit der trostlosesten Versunkenheit der Deutschen Höfe.
Französischer Firniß ersetzte, Leerheit und Laster übertünchend, in
der Umgebung der Fürsten alle wahre Bildung. Deutsch und
bäuerisch-roh, vom Hofleben ausgeschlossen: war ein gemeinsamer
Begriff, welchem Französisches Wesen in Sprache und Gesellschafts-
gebräuchen als hoffähige Bildung gegenüberstand. Anna Amalia
hatte die Aufgabe, nicht allein Ihre Söhne, sondern vor Allem
Ihre Umgebung, Ihren Hof selber zu erziehen — und Sie that
es, aber nicht im Sinne der herrschenden Vorurtheile, sondern im
Deutschen Sinne! Sie erkannte, daß dem Deutschen Volke eine
Wiedergeburt Noth thue, welche ihren Anfang zu nehmen habe in
der Wiedergewinnung der Selbstachtung, in der Erhöhung der

eigenen Bildung. Obwohl Sie Selber die Französische Sprache, schriftlich wie mündlich, besser beherrschte, als die Deutsche, so bevorzugte Sie doch die letztere und folgte mit Vorliebe den Veröffentlichungen der besten Deutschen Schriftsteller. Unter diesen glänzte damals vor Allen der geistvolle Christoph Martin Wieland (geb. 1733, † 1813). Seit 1769 wirkte Dieser als Lehrer der Weltweisheit an der damaligen Hochschule zu Erfurt. Im Jahre 1772 veröffentlichte er seine Schrift: Der goldene Spiegel oder die Könige von Scheschian (Leipzig, Weidmann's Erben, 4 Bände, II. 8), mittelst deren er wohl die Aufmerksamkeit des Kaisers Joseph II. auf sich zu lenken gedachte, auf Dessen freisinnige Neuerungen die Aufgeklärten jener Tage die weitgehendsten Hoffnungen setzten. Anna Amalia aber verstand allein die in dem Werke niedergelegten Andeutungen über die Kunst einer weisen und beglückenden Fürstenherrschaft, gewann Vertrauen zu dem Verfasser und suchte sorgenvoll seinen Rath, als Sie, über die fernere Leitung Ihres, zum Jünglinge heranwachsenden und schon durch die Einflüsse Seiner Umgebung den guten Absichten und dem Vertrauen fordernden Herzen Seiner treuen Mutter sichtbarlich Sich entfremdenden Sohnes Sich ungewiß fühlte. Wieland's Rath gipfelte in den bedeutsamen Worten: „Man mache aus ihm einen aufgeklärten Fürsten und ich stehe für sein Herz ein!" Durch dieses zuversichtliche Wort ermuthigt, entschloß Sich die Herzogin, die Führung Ihrer Söhne fortan unter Wieland's Einfluß zu stellen. Sie gewann seine Zusage; Sie ließ Sich herbei, den für Erfurt werthvollen Lehrer vom Churfürsten von Mainz förmlich loszubitten. Wieland trat als Hofrath in Anna Amaliens Dienst. Unter seiner Leitung wurden die jungen Fürsten zur Theilnahme an der Bewegung der zeitgenössischen Geister gewöhnt und mit dem Gedanken erfüllt, daß die begabtesten und erleuchtetsten Köpfe die ebenbürtigste Umgebung edler Fürsten seien. Auch auf Goethe, welcher Seine Mitwirkung an den Frankfurtischen Gelehrten Anzeigen mit einer Besprechung der von Wieland herausgegebenen „Geschichte des Fräuleins von Sternheim" (von Sophie La Roche geb. Guter-

mann — Wielands Jugendfreundin) eröffnet und bald mit Be-
urtheilung mehrerer Wieland'scher Schriften, unter andern auch
des „Goldenen Spiegels" fortgesetzt, durch Seinen begeisterten Aufsatz
„Von Deutscher Baukunst" einen ganz neuen vaterländischen Ton
angeschlagen, durch Seinen „Götz von Berlichingen" aber rasch alle
Gemüther in flammende Gluth Deutscher Empfindungen versetzt
hatte — auch auf diesen jungen Feuergeist lenkte Wieland der
jungen, selbst feuergeistigen Fürstin Aufmerksamkeit, wie schmerzlich
er auch die von Goethe in übermüthiger Laune an seinen Namen
geknüpfte Verspottung einer Demselben lästig gewordenen Richtung
(„Götter, Helden und Wieland" nannte sich die, übrigens nicht mit
Goethe's Einwilligung, sondern hinterrücks von einem des richtigen
Zartgefühles ermangelnden Freunde, veröffentlichte Schrift) empfinden
mochte. Als nun gar im Herbste des Jahres 1774 „Des
jungen Werthers Leiden" ihren, alle Herzen mit sich fort-
reißenden Lauf durch die Welt begonnen hatten, da konnte es nicht
fehlen, daß der Herzog Carl August und Fürst Constantin bei dem
Entwurfe einer Reise über Frankfurt und Straßburg nach Paris,
welche Sie zur Vollendung Ihrer Hof- und Weltbildung unternehmen
sollten, keinen sehnlicheren Herzenswunsch hegten, als bei dieser
Gelegenheit den Doktor Goethe kennen zu lernen, für Dessen
Namen alle vaterlandsliebenden, alle empfindsamen Seelen
schwärmten.

Am 11. Christmonates 1774 Abends klopfte ein Gast an
der Thür des Giebelzimmers hier in diesem Hause, über dem
Raume, der uns heute vereinigt. Auf Wolfgangs Ruf trat er
ein, von diesem anfänglich für Jacobi von Düsseldorf gehalten —
es war der Herzoglich Sachsen-Weimarische Hauptmann Karl
Ludwig von Knebel, der besondere Lehrer des Fürsten Constantin, welcher nebst dem Erzieher des Herzogs Carl August, dem
Grafen von Görtz-Schlitz und dem Stallmeister von Stein-
Kochberg mit beiden Fürstlichen Brüdern in Frankfurt angekommen
war. Selber für den Dichter des Götz, des Werther, mit glühen-
der Verehrung erfüllt, überbrachte er Demselben die Einladung des

Herzoglichen Brüderpaars zu einem Besuche im Gasthofe zum „Rothen Hause" (dem später Fürstlich Thurn - und Taxis'schen, dermalen Königl. Preußischen Postgebäude) auf der Zeil. Goethe folgte — ein Gang von unabsehbar folgenreichen Schritten. Bei den jungen Reisenden lag auf dem Tische ein soeben erschienenes Buch: Justus Möser's „Patriotische Phantasieen", ein Werk, dessen einzelne Aufsätze Goethe bereits aus vorläufigen Veröffentlichungen in einer Zeitschrift kannte. Dieses Buch bot Gelegenheit, daß Carl August und Goethe Sich in Ihren Gedanken über die Beförderung der Volkswohlfahrt und über den Werth der selbstständigen kleinen Staatswesen begegneten. So schloß sich sofort der Bund Ihrer Herzen auf Grund Ihrer hohen Pläne zur Verwerthung des eigenen Lebens im Dienste der Menschheit. Auf Carl August's Bitten folgte Goethe am zweiten Tage hernach, den 13. Christmonates, den jungen Fürsten zu nochmaligem und längerem Besuche nach Mainz, gemeinsam mit v. Knebel, welcher unter einem Vorwande am 12. in Frankfurt verblieben war, um, wie er seiner vertrauten Schwester brieflich gestand, „den besten aller Menschen zu genießen". Hier kam auch Goethe's Spottschrift gegen Wieland zur Sprache, welche man als ein Hinderniß für ein Zusammenleben beider Dichter betrachten mochte. Aber Goethe's herzliche Erklärung ergab sofort die Möglichkeit der Verständigung, und Wielands hochherzige Rückäußerung räumte vollends jede Schwierigkeit hinweg. Bei Carl August stand der Gedanke fest: mit Goethe's Hülfe die Aufgabe zu lösen, welche Ihm bevorstand. Er wartete nur bis zu dem Tage Seiner Selbstständigkeit. Im Wonnemonat 1775 begegneten beide Freunde — denn Ihre Seelen hatten Sich gefunden und waren bereits durch mächtige Bande an einander geknüpft — Sich nochmals in Karlsruhe. Im Brachmonate kehrte Carl August nach Weimar zurück. Graf Görtz wurde seiner treuen Dienste als Erzieher entlassen. An Seinem achtzehnten Geburtstage, am 3. Herbstmonates ward Carl August mündig und trat die Herrschaft über Sein Erbland als selbstständiger Herzog an. Am 3. Weinmonates führte Er die junge Fürstin Luise Auguste (geb.

30. Schneemonates 1757; † 14. Hornungs 1830), die vierte
Tochter des Landgrafen Ludwig IX. von Hessen-Darmstadt, als
Gattin und Herzogin heim und erneuerte bei diesem Anlasse die
schon früher vorbereitungsweise an unsern Dichter gerichtete Ein=
ladung zu einem Besuche in Weimar, indem Er zugleich eine
günstige Reisegelegenheit darbot. Da diese durch eine unvermuthete
Verzögerung auszubleiben schien, verließ bekanntlich Wolfgang am
30. Weinmonates Sein Vaterhaus und die Vaterstadt — um süb-
wärts zu reisen, gen Italien, zum Lande der entzückenden Erinne=
rungen Seines Vaters und der Sehnsucht Seiner eigenen Seele.
Aber das Schicksal wandte Seine Schritte — wenige Tage später
rief Ihn ein Eilbote von Heidelberg zurück und ohne Aufenthalt
durch Frankfurt*), wo der Kammerrath von Kalb mit dem ver=
späteten herzoglichen Wagen Seiner harrte, nordwärts — am
7. Wintermonates, Morgens 5 Uhr traf Er nach durchfahrener
Nacht in Weimar ein, der Stadt, welcher Sein ganzes übriges
Leben angehören sollte.

Wohl wurde der junge Frankfurtische Anwalt in Weimar vom
noch jüngeren, lebensmuthigen Herzoge, vom würdigen Wieland
und manchen Anderen, ja selbst von der Gesellschaft und dem Hofe,
mit voller Freude begrüßt — jedoch von letzteren Kreisen nur, so
lange man Seine Anwesenheit als einen flüchtigen Besuch betrachtete.
Sobald dieser sich zu einem längeren Aufenthalte ausdehnte, vollends

---

*) Die irreführende Annahme, daß Goethe am 2. Wintermonates
noch wieder in Frankfurt einen Brief an den Buchhändler Reich in Leipzig
geschrieben habe, in welchem Er Ihm eilf Schriften Hamann's hierher zu
besorgen bat, beruht für mich unzweifelhaft auf einer falschen Tagzeichnung,
hervorgegangen aus der Verwirrung, welche bei der Gewöhnung an gelegent=
liche Benutzung von Zahlen statt der Lateinischen Monatsnamen, deren
Namenszahl mit der Monatsreihe nicht stimmt, so leicht unterläuft. Goethe
schrieb jenen Brief am 2. Herbstmonates, den Er oft als 9. zeichnete, und
vergriff Sich im Namen, indem Er, der Zahl folgend, „November" über=
setzte, was Ihm um so leichter vorkommen konnte, da Er statt dieses Namens
auch wohl 9ber zu schreiben pflegte. Sicher ist, daß Goethe am 2. Winter=
monates in Heidelberg und nicht in Frankfurt war. Dr. O. B.

als man bemerkte, daß Carl August in vertraulichster Weise mit Ihm verkehrte, Sich bei allen Seinen Handlungen und Maßnahmen Seines Rathes bediente und Ihm einen größeren Einfluß, als irgend einem der landeseingebornen Beamten einräumte, änderte sich dieses Verhältniß. Von allen Seiten begann man scheelsüchtig auf den fremden Gast, den unbequemen Eindringling, zu blicken, Dessen Umgang dem jungen Herzoge nur darum ein so willkommener zu sein schien, daß Goethe, Seine Gaststellung richtig erkennend und nie aus den Augen verlierend, Sich nicht berechtigt, noch für berufen hielt, dem oft jugendlich übermüthigen Treiben des Fürsten Sich zu entziehen oder gar entgegen zu treten. Ja, als schon Carl August mit Seinen Gunst= und Freundschaftsbezeugungen gegen den Dichter alle gewohnten Maße überschritt, so daß Er Diesen mit dem brüder- lichen Du ansprach und selbst die Erwiederung solcher Vertraulichkeit forderte — worin Goethe mit feinem Schicklichkeitsgefühle Ihm nie anders, als im engsten Kreise des Zusammenseins, willfahrte — begriff Dr. Wolfgang sehr wohl, daß der feurige Fürst, im Voll= gefühle Seiner endlich erreichten Unabhängigkeit, in Ueberschätzung sogar Seiner Willkürberechtigung und oberhoheitlichen Stellung, Ihn als Splitterrichter und strengen Sittenprediger nicht neben Sich dulden und mit solchem Ihm unbequemen Einflusse bald auch alle anderweitige Gelegenheit zu guter Berathung von Sich weisen würde. Schon aber hatte der Gast den Lieblingsgedanken erfaßt, Sich dem Dienste des edlen Jünglings auf dem Fürstenthrone zu widmen und mit Ihm Dessen Lande einer glücklichen Entwicklung entgegen zu führen. Er wollte der Diener, der Gehülfe, der Be- rather Carl Augusts werden, zum Heile für das Herzogthum, zur Beglückung der Welt mittelst des Beispiels eines unter aufgeklärter, durchgeistigter Lenkung blühenden Staatswesens. Um Seinen jungen Freund zu solcher Höhe führen zu können, durfte Er Ihn nicht von Seiner Hand lassen, auch dann nicht, wenn jugendliche Schwärmerei, Ueberkraft und Laune Denselben zu zwecklosen, ja, zu muthwilligen Abwegen leiteten, Ihn selbst vor tiefgründigen Pfaden nicht zurück- schrecken ließen, in welche der schon geläutertere Dichter Ihm nur ungern folgen mochte. Goethe wußte vollkommen, was Er wollte und wollen mußte, indem Er den Herzog gewähren ließ, ja, Sich hütete, Diesem als Tadler beschwerlich zu werden, sei es auch nur durch Seine Zurückhaltung. Konnte Er doch nur durch Sein will-fähriges Gehenlassen, ja, williges Mitgehen und selbst wohlgefälliges Vorangehen, Sich jeder Gelegenheit versichern, um die edlen Keime zu wecken, welche in so reicher Fülle in des Fürstenjünglings Brust lagen. Wußte Er doch, daß dieselben sich rasch entfalten, die Thor-heiten der ziellos wirkenden Kraftfülle zur Seite drängen und die mächtigen Triebe des hochaufstrebenden Gemüthes den würdigsten Zielen würden entgegenblühen lassen. So übte Goethe die höchste erzieherische Weisheit, Sich mit der unfruchtbaren und undankbaren Bekämpfung des Bösen nicht aufzuhalten, sondern das Gute zu pflegen, damit es jenes überwuchere und unter sich ersticken lasse: um Erfolg und Dank zugleich zu ernten. Aber dieser Gang war für Goethe kein leichter — zumal da nicht Verständniß der Um-gebenden, der Fernerstehenden, sondern Mißdeutung Ihm von allen Seiten begegnete. Der schon in ein ernstes Alter eingetretene Vater, unser würdiger Hausherr, Herr Rath Goethe, hatte schon die erste Berührung seines Sohnes, von Dessen Werthe er voll-kommen richtige Begriffe hatte, mit den Fürstlichen Jünglingen nur ungern gesehen und war, als erfahrener Weltmann, sowie als bürgerstolzer unabhängiger Mann, jedem Eintritte Wolfgangs in einen Fürstendienst entschieden abgeneigt. Er wartete ungeduldig der Rückkehr Desselben, um Ihn in der Freiburg Seines Vaterhauses procul a Jove procul a fulmine — „als weit vom Hofe, so weit von der Hölle" — in selbstständiger Stellung Seine großen Gaben weiter entfalten zu sehen, um, wenn auch ohne besoldetes Amt, doch um so mehr in Ehrenämtern und als Gelehrter und Schön-geist, Ruhm und Ansehen bei Seinen Mitbürgern und bei der ganzen Nation zu erwerben. Er mochte sich nicht entschließen, aus seinem wohl berathenen Seckel die Kosten des lustigen Hoflebens bestreiten zu helfen, aus welchem er keinerlei taugliche Frucht erprießen sah, zumal da er weit davon entfernt war, dem jungen Herzoge und

Seiner Freundschaft, von welcher Wolfgang den lieben Eltern zum
Troste manch rühmendes Wort schreiben mochte, irgend welches
Vertrauen zu schenken. Freilich fand sich der Herr Rath in seinem
Mißtrauen angenehm überrascht, als Carl August Selber — gewiß
nicht ohne den zartsinnigen Rath Wolfgangs, ihn brieflich um seine
Einwilligung bat, daß der Sohn, unter Vorbehalt jederzeitigen
Urlaubes oder beliebigen Rücktrittes, als wohlbestallter Geheimer
Legationsrath in Seinen ordentlichen Staatsdienst trete. So ward
das väterliche Herz beruhigt, und der Sohn hatte fortan Frieden
und Wohlgefallen von. dieser Seite. Als aber der Herzog, um
Goethe zu fesseln und um Ihm das fernere Verbleiben ohne die
drückende Zugabe Fürstlicher Gnadenspenden zur Bestreitung Seines
Lebensbedarfs zu ermöglichen, dem Fremblinge eine besoldete Amts-
stellung einzuräumen versuchte, trat der ganze Widerwille und die
zum Neide ausschlagende Engherzigkeit der landesangehörigen, von
Unten auf gedienten Beamten- und Hofwelt gegen Ihn auf, ja,
der älteste Staatsdiener, Geheime Rath von Fritzsch, ging so weit,
dem Herzoge zu erklären, daß er nicht in einer Behörde mit Goethe
sitzen wolle. Goethe, Dessen kluges Bestreben insbesondre auch
dahin gerichtet gewesen war, dem jungen Fürsten wieder volles
Vertrauen zu Seiner edlen, geistvollen und verständigen Mutter,
der von dem Dichter sofort in Ihrem vollen Werthe gewürdigten
Herzogin Anna Amalia, gewinnen zu lassen, erntete auch hier die
goldene Frucht Seines redlichen Bemühens. In der bedenklichen
Gefahr, entweder Seinen bewährten Beamten oder den Ihm schon
unentbehrlich gewordenen Freund zu verlieren, wandte Sich Carl
August vertraulich an Anna Amalia, und Ihrer sanften Vermittlung gelang die Ueberwindung des Widerstandes. So sah Sich
denn Goethe allmählig geduldet — aber freilich um den Preis
steter Nachgiebigkeit gegen die Jugendlaunen des Fürstlichen Herrn,
wie gegen die Alterslaunen der Staatsbeamten und der Noth-
wendigkeit freiwilligen flotten Mitschwimmens im Strome des Hoflebens, in welchem doch so viele Blicke sich neidisch an Ihm ärgerten.
Aber unter allen diesen Widerwärtigkeiten schaute Er freien Blickes

auf Seinen Lebensplan und bemächtigte Sich bald der gesammten
Verhältnisse der Weimarischen und Eisenachischen Lande, so daß
schon im ersten Jahre Seines Hof- und Staatslebens Sein Jugend-
freund Klinger, der über „eine Schwelle" mit ihm ins Leben
Getretene, bewundernd von Ihm schrieb: „Goethe ist so groß in
Seinem staatlichen Leben, daß wir's nicht begreifen"! — Wen aber
dieses Leben und seine Mittel, wie seine Erfolge, am Wenigsten
erbauten — das war Goethe! Nicht was Er erreichte — sondern
was Er opferte und was Er erstrebte, erschien Ihm bedeutend. Mit
banger Sorge sah Er Sich Selber mehr und mehr im Hof- und
Staatsleben auf-, vielleicht richtiger unter-gehen, den Herzog
nicht loskommen von den Einflüssen, welche Goethe's höheren Planen sich widersetzten. Selbst glücklich sah Er Carl August nicht,
ja, Er sah deutlicher, als Andre, denn auch das Vertrauen der
jungen Herzogin Luise hatte Sich Ihm zugewandt, die düsteren Wolken, welche des zu Maßlosigkeiten und Unbesonnenheiten neigenden
Fürsten häusliches Lebensglück bedrohten, ein Glück, ohne welches
auch ein Fürstenleben nur ein armes, elendes Leben ist.

Unmuthsvoll folgte Goethe einem dunkeln Triebe, indem Er
im Christmonate des Jahres 1778 Sich aus dem Ihn quälenden
Treiben rettete und die Einsamkeit einer winterlichen Gebirgsreise,
in den Harz, benutzte, um Sich über Seine, über des Landes, über
des Herzogs Lage klar zu werden. So wie Er Sich aber losgerissen
und allen feindlichen Einflüssen, zu ruhiger Einkehr in Sich Selbst,
entzogen hatte, so faßte Er den Plan, auch den Herzog zu befreien
und zu Sich Selber zurückzuführen.

Mit diesem Plane kehrte Goethe nach Weimar zurück. Von
jetzt ab legte Er denselben Seinem Fürstlichen Freunde zurecht und
brachte ihn Demselben allmählig näher. Auch Carl August sollte
Sich einmal ganz lostrennen und herausreißen aus den Einflüssen
Seiner Umgebung, sollte, mit Ihm, dem führenden Freunde, allein,
unter unbefangenen Menschen und in der freien Welt verkehren,
um in Sich Selbst Einkehr zu halten, Welt und Menschenleben
zu erkennen und Sich klar zu werden über das, was Noth thue.

Wie Peter der Große, dieser zwar rohe, aber gesunden Geistes in die Wirklichkeit blickende Zaar, um kennen zu lernen, was zur Entwicklung Seines Volkes nothwendig schien, Seine Fürstliche Würde mit freiem Entschlusse verbarg, um Schiffe zimmern zu lernen — so entschloß Sich Carl August, unter zeitweiligem Verzicht auf den Fürstlichen Glanz und Namen, einen Wandergang anzutreten, Hand in Hand mit dem vertrauten Freunde, um zu lernen: Sich, den Seinigen, Seinem Lande, ein glückliches Leben zu zimmern.

Wie oft mochte Er den Dichter beneidet haben, der stets und überall dem Leben und der Wirklichkeit so viel näher zu stehen schien, als Er, der Fürst — den Dichter, der stets und überall Sich in die Verhältnisse zu finden, das Bedürfniß der Umstände und des Augenblickes zu erkennen wußte. Der Unterschied entsprang aus dem Gegensatze der Fürstlichen Erziehung im höfischen Kreise gegen die bürgerliche, wie Goethe sie genossen hatte. Goethe's Jugendleben in Vaterhaus und Vaterstadt mußte dem Herzoge als eine unschätzbare Quelle reicher Erfahrungen und Einsichten erscheinen. Goethe's Vaterhaus und Vaterstadt kennen zu lernen, das sollte der gute Eingang in's neue Leben, der Anfang der geplanten Wanderschaft sein. Hier sollte der junge Fürst zu der Einsicht geführt werden, daß die Ausdehnung, die in's Weite schweifende Uebertreibung, in den menschlichen Verhältnissen zwecklos und bedeutungslos sei. Goethe's eigenes, vom Herzoge wegen seines reichen Inhaltes bewundertes, beneidetes Leben war aus dieser bescheidenen Hütte entsprungen; es konnte nicht reicher, nur hohler sein, wenn diese Hütte zum Pallast wäre erweitert gewesen. Indem Goethe den Fürstlichen Gast in Sein Vaterhaus führte, rief Er ohne Worte Ihm die Lehre zu, welche Er später im Westöstlichen Divan niedergelegt hat in dem Spruche:

Herr, laß' Dir gefallen
Dieses kleine Haus —
Größ're kann man bauen;
Mehr kommt nicht heraus!

Möchte man doch die Weisheit dieses Spruches auch heute überall
verstehen und beherzigen, und möchte man erkennen wollen, daß
wahre Größe nicht abhängig ist von Raumesgrößen. Was in sol-
chen der Mensch, auch der mächtigste, zu erreichen vermag, ver-
schwindet gegenüber der Großartigkeit der Natur. Auch diese Lehre
sollte die Reise dem Herzoge gewähren. Deshalb führte Goethe
Ihn in die Riesenwelt der Alpen, in welcher außerdem Sein Herz
Sich ausweiten und die Kleinlichkeit abthun sollte, welche die Kreise
der „großen Welt" unseres gesellschaftlichen Lebens, die Hofkreise,
mit so vieler Erbärmlichkeit behängt. Denn, um Goethe's eigene
Worte über die Alpen zu gebrauchen:

„Wie in jedem Menschen, selbst in dem gemeinen, sonder-
„bare Spuren übrig bleiben, wenn er bei großen, ungewöhn-
„lichen Handlungen etwa einmal gegenwärtig gewesen ist; wie
„er sich von diesem einen Flecke gleichsam größer fühlt, uner-
„müdlich eben dasselbe erzählend wiederholt und so auf jene
„Weise einen Schatz für sein ganzes Leben gewonnen hat, so
„ist es auch mit dem Menschen, der große Gegenstände der
„Natur gesehen hat und mit ihnen vertraut geworden ist. Er
„hat, wenn er diese Eindrücke zu bewahren weiß, gewiß einen
„Vorrath von Gewürz, womit er den unschmackhaften Theil des
„Lebens verbessern und seinem ganzen Wesen einen durchziehen-
„den guten Geschmack geben kann."

Um Goethe's Eltern, den früh gealterten Vater und die, dem
Sohne im Alter näher als Ersterem stehende, mit unendlicher Liebe
an ihrem einzigen Wolfgang hangende, aber durch die Sorge um
den Herrn Rath an's Haus gefesselte Mutter, über die lange Ent-
behrung des nur zu einem Besuche nach Weimar entführten Sohnes
zu trösten, hatte schon die edle Herzogin Anna Amalia die
Gelegenheit benutzt, bei vorübergehender Berührung Frankfurts
das verehrte würdige Paar in diesem Hause durch Ihren Besuch
huldreich zu ehren, alles Liebe und Gute über den vergötterten
Wolfgang zu berichten und die sorgenden Herzen über Dessen Zukunft
mehr und mehr zu beruhigen. Vergeblich waren wohl Pläne ent-

worfen, da der Herr Rath in seinen Jahren an keine mühselige Reise mehr denken mochte, wenigstens die Frau Rath — Frau Aja,*) wie sie, nach der Mutter der vier Haimonskinder, seit der gastlichen Einkehr der beiden Grafen Stolberg und ihres Freundes v. Haugwitz im Goethehause, sich nennen ließ und scherzend selber nannte — zu einem Besuche nach Weimar zu bringen. So hatte Wolfgang Seine Eltern seit Seiner Abreise von Frankfurt nicht wieder gesehen; es waren mehr als drei ganze Jahre seitdem verflossen.

Welch ein Glückstag für das Mutterherz, als ein vertraulicher Brief vom Sohne, am 9. Erntemonates 1779 geschrieben**) ihr Seinen — und des Herzogs Besuch in Aussicht stellte. Er schrieb:

„Mein Verlangen Sie einmal wiederzusehen, war bisher „immer durch die Umstände in denen ich hier mehr oder weniger „nothwendig war, gemäßigt. Nunmehr aber kann sich eine „Gelegenheit finden, darüber ich aber vor allem das strengste „Geheimniß fordern muß. Der Herzog hat Lust den schönen „Herbst am Rhein zu geniesen, ich würde mit ihm gehen und „der Kammerherr Wedel. Wir würden bey Euch einkehren „wenige Tage dableiben um den Meßfreunden auszuweichen „dann auf dem Wasser weiter gehn. Dann zurückkommen und „bey Euch unsre Städte aufschlagen um von da die Nachbaarschafft „zu besuchen. Wenn sie dieses prosaisch oder poetisch nimmt so „ist dieses eigentlich das Tüpfgen aufs i, eures vergangnen

*) Aya ist Spanisch die Amme, Arabisch Daja, woher auch Lessing im „Nathan" die Amme (statt ursprünglich Dinah lieber) Daja nannte. „Merkwürdig, daß das Arabische Wort sich auch im Magyarischen findet, als dajka = Amme." (Acta comparationis litterarvm vniversarvm von Brassai und von Meltzl. Klausenburg. 1879. Vol. I. No. 9 und 10 S. 153.) Der Name Aja in der Geschichte der vier Haimonskinder deutet auf den Spanischen Einfluß dieser an Karl d. Gr. sich anknüpfenden Sage.

Dr. O. B.

**) Frau Rath. Briefwechsel von Katharina Elisabeth Goethe. Nach den Originalen mitgetheilt von Robert Keil. Leipzig, Brockhaus. 1871. 8. — S. 144 ff. Nr. 34.

„Lebens, und ich käme das erstemal ganz wohl und vergnügt und
„so ehrenvoll als möglich in mein Vaterland zurück. Weil ich
„aber auch möchte daß, da an den Bergen Samaria der Wein so
„schön gediehen ist, auch dazu gepfiffen würde, so wollt ich nichts
„als daß Sie und der Vater offne und feine Herzen hätten uns
„zu empfangen, und Gott zu dancken der Euch euren Sohn im
„dreisigsten Jahr auf solche Weise wiedersehen läßt. Da ich aller
„Versuchung widerstanden habe von hier wegzuwitschen und Euch
„zu überraschen, so wollt ich auch diese Reise recht nach Herzens-
„lust geniessen. Das unmögliche erwart ich nicht. Gott hat nicht
„gewollt daß der Vater die so sehnlich gewünschten Früchte die
„nun reif sind geniessen solle, er hat ihm den Apetit verdorben
„und so seys. ich will gerne von der Seite nichts fordern als was
„ihm der Humor des Augenblicks für ein Betragen eingiebt. Aber
„Sie mögt ich recht fröhlich sehen, und ihr einen guten Tag bie-
„ten wie noch keinen. ich habe alles was ein Mensch verlangen
„kan, ein Leben in dem ich mich täglich übe und täglich wachse,
„und komme diesmal gesund, ohne Leidenschafft, ohne Verworren-
„heit, ohne dumpfes Treiben, sondern wie ein von Gott geliebter,
„der die Hälfte seines Lebens hingebracht hat, und aus vergang-
„nem Leiden manches Gute für die Zukunft hofft, und auch für
„künftiges Leiden die Brust bewährt hat, wenn ich euch vergnügt
„finde, werd ich mit Lust zurückkehren an die Arbeit und die Mühe
„des Tags die mich erwartet. Antworte Sie mir im ganzen
„Umpfang sogleich. Wir kommen allenfalls in der Hälfte Sep-
„tembers das nähere bis auf den kleinsten Umstand soll Sie wis-
„sen wenn ich nur Antwort auf diesen habe. Aber ein unver-
„brüchlich Geheimniß vor der Hand auch gegen den Vater Mercken
„Bolling usw. allen muß unsre Ankunft Ueberraschung sein.
„ich verlasse mich drauf. hier vermuthet noch niemand nichts.
„d. 9. Aug. 1779.   G.
    „Wie ich mir unsre Quartiere gedacht habe und was wir
„brauchen usw. das alles soll in meinem nächsten Brief folgen
„wenn Sie mir erst ihre Jdeen geschrieben hat.“

Leider ist uns das Antwortschreiben der beglückten Mutter unbekannt, wenn wir auch hoffen dürfen, daß es sich erhalten habe; wie denn überhaupt in dem Briefwechsel Wolfgangs mit Seiner herrlichen Mutter wohl einst noch der Welt ein reicher Schatz bescheert werden wird. Dieser Brief muß herzerfreuend gewesen sein; denn des Sohnes folgendes Schreiben zeugt von dem wohlthuenden Eindrucke, welchen derselbe bei Ihm hervorgebracht. Ueber den wahren Reiseplan hält der Dichter, um das Geheimniß desto sicherer zu wahren, die Mutter im Ungewissen, führt sie sogar augenscheinlich mit Vorbedacht irre, sowohl um sie über die Kürze des vorbestimmten Aufenthaltes durch Aussicht auf eine, wohl von vornherein nicht beabsichtigte, längere Erneuerung im Voraus zu trösten, als auch um sie über die vorläufige Unmöglichkeit, nach ihren Wünschen allen alten Bekannten gerecht zu werden, zu beschwichtigen. In voller Freudigkeit schreibt er Ihr:*)

„So eine Antwort wünscht ich von Ihr liebe Mutter, ich „hoffe es soll recht schön und herrlich werden. Also eine nähere „Nachricht von unserer Ankunft. Ohngefähr in der Hälfte Sep„tember treffen wir ein und bleiben ganz still einige Tage bei „Euch. Denn weil der Herzog seine Tanten und Vettern die auf „der Messe seyn werden nicht eben sehen möchte wollen wir gleich „weiter und auf dem Mayn und Rhein hinab schwimmen. Haben „wir unsre Tour vollendet; so kommen wir zurück und schlagen „in forma unser Quartier bei Ihr auf, ich werde alsdenn alle „meine Freunde und Bekannte beherzigen, und der Herzog wird „nach Darmstadt gehen und in der Nachbaarschafft einigen Adel „besuchen. Unser Quartier wird bestellt wie folgt. Für den Her„zog wird im kleinen Stübgen" — es ist der schmale Raum hier neben uns, das kleinste Zimmer im ganzen Hause, des weiland Königsleutnants „inneres Zimmer" gemeint — „ein Bette „gemacht, und die Orgel wenn sie noch da stünde hinausgeschafft. „Das grose Zimmer bleibt für Zuspruch und das Entrée zu sei-

*) Frau Rath. U. s. w. — S. 147 ff. Nr. 35.

„ner Wohnung." — Als das Große Zimmer kann nur dasjenige bezeichnet werden, in welchem wir hier versammelt sind; war es doch von jeher das beste und geräumigste Gemach, welches der Herr Rath seiner Zeit für die gesellschaftlichen Bedürfnisse seines wohlbestellten Hausstandes eingerichtet hatte, und welches im siebenjährigen Kriege, beim Einrücken der Franzosen am 2. Schneemonates 1759, vom Königsleutnant auch als Empfangszimmer in Beschlag genommen war. Und wie uns die Zweckmäßigkeit veranlaßt, bei unseren zahlreicheren Versammlungen die Flügelthür, welche unmittelbar vom Vorplatze hereinführt, zur Vermeidung von Zugluft und zu besserer Ausnutzung des Raumes, da die Thürflügel hereinwärts sich öffnen, geschlossen zu halten und den Eingang durch das gleichfalls vom Vorplatze aus zugängliche und mit diesem Hauptzimmer durch eine in jenes sich öffnende Flügelthür verbundene Nebengemach zu nehmen, so hatte sich dies ohne Zweifel auch damals bereits als zweckmäßig empfohlen, und jenes Nebengemach hieß daher das Eingangszimmer oder französirt das Entrée. Jenes also sollte dem Herzog als Wohnstube dienen. Aber es bedurfte noch weiterer Anweisung über die Einrichtung des Schlafgemaches und anderer Anordnungen für den Herzog. Wolfgang fährt daher fort: „Er schlafft auf einem saubern Strohsacke, worü „ber ein schön Leintuch gebreitet ist unter einer leichten Decke. — „Das Caminstübgen wird für seine Bedienung zurecht gemacht ein „Matraze Bette hinein gestellt." Dieses Kaminstübchen ist das vom Vorplatze zugängliche Zimmer, welches mit dem „Kleinen" Stübchen durch eine schmale Thür verbunden ist, und von welchem aus der Ofen des letzteren, sowie derjenige dieses „Großen" Zimmers, mittelst eines Kamins beide geheizt werden konnten. Gleiche Zweckmäßigkeit hatte auch den Königsleutnant veranlaßt, seinem Diener Saint-Jean das Kaminstübchen, dessen Fensterlage, abendwärts nach dem Hofe, dasselbe außerdem etwas düster und unfreundlich erscheinen läßt, als Schlafgemach anzuweisen. Die Erinnerung an jene Einrichtung mochte dem Dichter vorschweben, als er von Weimar aus die Verwendung der Zimmer anordnete. Er fährt in Seinen

Anweisungen fort: „Für Hr. v. Wedel wird das hintere Graue
„Zimmer bereitet auch ein Matrazzen Bette usw." — Es ist das
gleich links neben der breiten Treppe vom Vorplatze aus zugängliche geräumige Gemach im Hinterflügel gemeint, dessen Fenster in
sonnigster Lage südwärts in den stillen Hof blicken. Damit war
nun aller Raum in dem vornehmsten, für gesellschaftliche Zwecke
bestimmten Stockwerke vergeben. Daher lautet die Anweisung
weiter:

„Für mich oben in meiner alten Wohnung auch ein Stroh-
„sack usw. wie dem Herzog." — Das Giebelzimmer, welches
Wolfgang schon als Knabe inne gehabt, von welchem Ihn eine Zeit
lang die für den Königsleutnant schaffenden Maler verdrängen
mußten, welches Ihm aber sofort nach dem Quartierwechsel des dem
Herrn Rath so verhaßten Gastes, im Heumonat 1761, wieder ein-
geräumt war, auf welchem Er von Seiner ersten Liebe geträumt,
Seinen ersten Schmerz ausgetobt, auf welchem Er gezeichnet und
gedichtet, ja Seinen Göz von Berlichingen, Werthers Leiden, Cla-
vigo, Stella, die herrlichsten Stücke zum Faust, den Entwurf zum
Egmont und so viele andere unvergängliche Geburten Seines frucht-
baren Geistes an dem noch heute dastehenden Pulte niedergeschrie-
ben, jenes Giebelzimmer hier über uns sollte Ihn auch nun wieder
aufnehmen. — Doch weiter:

„Essen macht ihr Mittags vier Essen nicht mehr noch weniger,
„kein Geköch, sondern eure bürgerlichen Kunststück aufs beste, was
„ihr frühmorgens von Obst schaffen könnt wird gut seyn."

„Darauf reduzirt sich also daß wir das erstemal wenn wir
„ankommen iedermann überraschen, und ein paar Tage vorbeygehn
„eh man uns gewahr wird, in der Messe ist das leicht. In des
„Herzogs Zimmern thu sie alle Lüstres heraus, es würde ihm
„lächerlich vorkommen. Die Wandleuchter mag sie lassen." —
Noch sieht man unter dem Balkendurchzuge, welcher die Decke der
an sich schon für unsre heutigen Ansprüche viel zu niedrigen Zimmer mitten durschneidet und dieselben noch um so niedriger erscheinen läßt, im Eigangszimmer einen der Haken, von welchen nach

damaliger Sitte Kronleuchter aus Ketten und Kränzen geschliffenen Krystallglases so tief herabhingen, daß durch diese unbequeme, den Prunkgemächern der Paläste nachgeahmte Pracht die Freiheit der Bewegung in den Gesellschaftszimmern in lächerlicher Weise beeinträchtigt war. — Wolfgangs Anweisung lautet ferner:

„Sonst alles sauber wie gewohnlich und ie weniger anschei=
„nende Umstände ie besser. Es muß ihr seyn als wenn wir
„10 iahr so bey ihr wohnten. Für Bedienten oben im Gebroch=
„nen Dach bey unsren Leuten sorgt sie für ein Paar Lager. Ihre
„Silbersachen stellt sie dem Herzog zum Gebrauch hin Lavor,*)
„Leuchter usw. Keinen Kaffe und dergl. trinkt er nicht. Wedel
„wird ihr sehr behagen, der ist noch besser als alles was sie von
„uns Mannsvolck gesehen hat."

„Also immer ein tiefes Stillschweigen, denn noch weis kein
„Mensch hier ein Wort. Was ihr noch einkommt schreibe sie mir.
„Ich will auf alles antworten, damit alles recht gut vorbereitet
„werde."

„Merck darf noch nichts wissen."

Und so geschah's — am 12. Herbstmonates verließen Carl August und Goethe, begleitet einzig von dem Kammerherrn von Wedel nebst einigen Dienern, unter welchen von des Dichters Seite der treue Philipp Seidel, der früh verwaiste Spenglerssohn aus unserer kleinen Eschenheimer Gasse, die Stadt Weimar, nachdem der Herzog Goethe's dreißigsten Geburtstag durch die Gnadenbezeugung verherrlicht hatte, daß Er den Freund zu seinem Wirklichen Geheimen Rathe und somit zur höchsten Stellung in Seinem Staatswesen erhob. Der Sohn sollte auf dem Gipfel Seiner Ehren stehend in Seinem Elternhause erscheinen. Man reiste zu Pferde nach der Sitte der damaligen Zeit. Der Weg wurde über Kassel genommen, woselbst die Reisenden am 15. eintrafen und bis zum 17. blieben, um des durch seine Weltreisen berühm

---

*) Noch jetzt in Frankfurt sehr gebräuchlicher Haushaltsausdruck zur Bezeichnung kostbarerer Waschbecken (lavoir).

ten Georg Forster's Bekanntschaft zu machen und die Kunstschätze der Landgräflichen Sammlungen zu genießen. Am 18. Abends, an einem Samstage, trafen sie in Frankfurt ein.*) „Wir sind am „schönsten Abend hier angelangt" — schrieb Wolfgang am 20.**) an seine Freundin Frau von Stein — „und mit viel freund= „lichen Gesichtern empfangen worden. Meinen Vater hab' ich ver= „ändert angetroffen; er ist stiller und sein Gedächtniß nimmt ab: „meine Mutter ist noch in ihrer alten Kraft und Liebe."

Aber lassen wir über das Glück und die Freude, welche in jenen Tagen unser Goethehaus erfüllten, die glücklichste der Mütter selber berichten.***) Am Freitage den 24. schrieb sie der edlen

---

*) Alle bisherigen Angaben lauteten auf den 19., einen Sonntag. Es war schon kaum zulässig, anzunehmen, daß man am Sonntage gereist sei. Der folgende Brief der Frau Rath giebt nun die genauesten Anhaltspunkte, sowohl für die Ankunft, als für die Verwendung der Zeit und die Dauer des Aufenthaltes bis zur Abreise, worüber bisher gar nichts Sicheres bekannt war. Ebenso über Merd's Anwesenheit und Begleitung bei der Abreise, in welcher Beziehung noch Heinrich Düntzer's neuestes Werk (Goethe's Leben. Leipzig, Fues. 1880) annimmt, daß der Darmstädtische Freund die Reisenden „von Darmstadt durch die Bergstraße" begleitet habe.

**) Die Tagzeichnung vom 30., welche sich bei Keil (Frau Rath. S. 149) findet, ist jedenfalls ein Irrthum, da die Reisenden Frankfurt bereits am 24. wieder verlassen haben. Auf des Vaters frühzeitiges Altern deutet auch schon die in den Briefen von Anna Amalia und Frau Rath stets wiederkehrende Bezeichnung: der „alte Vater".

***) Die folgende Einlage ist erst bei nachträglicher Niederschrift der am Festabende frei vorgetragenen und einzig auf die bis dahin bekannt gewesenen Andeutungen sich stützenden Rede berichtigend und ergänzend nachgetragen. Die Auswirkung der Abschrift und der Hohen Vergünstigung zur Benutzung derselben verdanken wir der überaus entgegenkommenden und selbstlosen Vermittlung des Großherzoglichen Staatsarchivars Herrn Archivrathes Dr. Burkhardt in Weimar, durch Dessen Güte allein wir von dem Vorhandensein dieses kostbaren Schatzes Kenntniß hatten und welcher auch eine weitere, erstaunlich reiche Sammlung bislang unbekannter Briefe der Frau Rath an die Herzogin Anna Amalia aus dem Schriftenschatze des Großherzoglichen Hauses zur Herausgabe vorbereitet hat und zur höchst wünschenswerthen Verwirklichung der letzteren nur noch der genehmigenden Anordnung S. K. Hoheit des Großherzogs gewärtig ist. Dr. O. B.

Herzogin Anna Amalia, welche, im Hinblicke auf den, so hoher
Erfüllung Seiner Fürstenpflicht entgegenstrebenden Carl August, mit
der Frau Rath in Mutterliebe und Mutterglück wetteiferte, den
von Wonne und Dank überfließenden Brief, welchen durch die
Gnade Sr. Königlichen Hoheit des Großherzogs Carl
Alexander, ich so glücklich bin, aus dem Großherzoglichen Schriftenschatze hier zum ersten Male mittheilen zu können. Derselbe lautet:

„Durchlauchdigste Fürstin.

„Der 18te September war der große Tag da der alte Vater
„und Frau Aja, denen seeligen Göttern weder Ihre Wohnung im
„hohen Olymp, weder Ihr Ambrosia noch Nectar, weder Ihre
„Vocal noch Instrumentthal Musick beneideten, sondern glücklich, so
„gantz glücklich waren, daß schwerlich ein sterblicher Mensch jemahls
„größer und reinere Freuden geschmeckt hat, als wir beyde glück-
„lichen Eltern an diesem Jubel- und Freuden-Tag — Niemahl
„hat mich mein Unvermögen, eine sache gut und anschaulich vor-
„zutragen mehr belästig als jetzt, da ich der Besten Fürstin (:von
„Der doch eigendtlich alle diese Freude ausgeht, die doch eigendt-
„lich die erste Ursach aller dieser Wonne ist:) so recht aus dem
„Hertzen heraus unsere Freude mittheilen mögte — Es gerade nun,
„wie es wolle, gesagt muß es nun einmahl seyn.

„Ihro Durchlaucht unser gnädigster und Bester Fürst stiegen
„(:um uns recht zu überraschen:) eine strecke von unserm Hauße
„ab, kamen also gantz ohne geräusch an die Thür, klingelten, tra-
„ten in die blaue Stube u. s. w.“ — Diese Blaue Stube, deren
auch die Herzogin Anna Amalia in einem Briefe an die Frau Rath
vom 17. Weinmonat 1782 gedenkt, war das gewöhnliche Wohn-
und Speisezimmer, zu ebener Erde gleich linker Hand neben der
Hausthür. — „Nun stellen Sich Ihro Durchlaucht vor, wie Frau
„Aja am runden Tisch sitzt, wie die Stubenthür aufgeht, wie in
„dem Augenblick der Häschelhantz“ — (Wolfgangs Schmeichel-
name) — „ihr um den Hals fält, wie der Herzog in einiger Ent-
„fernung der Mütterlichen Freude eine weile zusicht, wie Frau Aja
„endlich wie betrunken auf den besten Fürsten zuläuft, halb greint

„halb lacht, gar nicht weiß, was sie thun soll, wie der schöne
„Kammerherr von Wedel auch allen antheil an der erstaunlichen
„Freude nimmt — Endlich der Auftrit mit dem Vater, das läßt
„sich nun gar nicht beschreiben — mir war Angst, er stürbe auf
„der stelle, noch an dem heutigen Tag, da Ihro Durchlaucht schon
„eine ziemliche Weite von uns weg Sind, ist er noch nicht recht
„bey sich, und Frau Aja gehts nicht ein Haar beßer — Ihro
„Durchlaucht können Sich leicht vorstellen, wie vergnügt und seelig
„Wir diese 5 tage über geweßen sind. Merck kam auch und führte
„sich so zimmlich gut auf, den Mephisthoviles*) kan Er nun frey-
„lich niemahls gantz zu Hauß laßen, das ist man nun schon so
„gewohnt. Wieder alle Gewohnheit waren dieses mahl gar keine
„Fürsten und Fürstinnen auf der Meße, das war nach Unsers
„Theuersten Herzogs Wunsch, Sie waren also gar nicht Genirt —
„Am Sontag gingen Sie in ein großes Concert, das im Rothen
„Hauß**) gehalten wurde, nachdem in die Abliche Gesellschafft ins so
„genandte Brunnenfels,***) Montags und Dinstags gingen Sie in
„die Commedie, Mittwoch um 12 uhr Mittags ritten Sie in bestem
„Wohlseyn der Bergstraße zu, Merck begleidtete Sie biß Eber-

---

*) Daß Goethe dem Wesen Seines, sich gern als kalten Verstandes-
menschen gebenden und des jungen Dichters Schwärmerei mit bitterm Spotte
kühlenden, um 8 Jahre älteren Freundes manche Züge zum Bilde des Mephi-
stopheles im Faust entlehnt hat, bestätigt sich durch diese Andeutung der
Frau Rath (wohl die früheste, welche vorliegt) unverkennbar. Auch Carl
August nennt Merck in einem Briefe an Frau Rath vom 24. Brachmonates
1780 den „alten Mephistophiles". (Vgl. bei Keil: S. 166.)

**) Das jetzige Kaiserliche Postgebäude auf der Zeil, vorher Fürstl.
Thurn- und Taxis'sches Postgebäude, noch früher Fürstl. Primatischer
Wohnsitz, vor hundert Jahren der vornehmste Gasthof von Frankfurt a. M.

***) Die Gesellschaft („Ganerbschaft") des Hauses Frauenstein, welche
noch jetzt besteht und noch jetzt sich amtlich als die „Adelige uralte" bezeich-
nen läßt (vgl. Adreß-Buch von Frankfurt a. M. u. s. w. 1880. S. 896),
hatte damals (seit 1694) ihre Gesellschaftsräume im Hause zum Brunnenfels am Liebfrauenberge Nr. 29, dessen Name früher Brunenfels gesprochen
wurde.

„stabt. *) Was sich nun alles mit dem schönen Cammerherrn „von Webel, mit dem Herrn Geheimbten Rath Goethe zu getragen „hat, wie sich unsere Hochadliche Freulein gänßger brüsteten und „Eroberungen machen wolten, wie es aber nicht zu stande kam „u. b. m., das verdiente nun freylich hübsch bramatisirt zu werden. „Theureste Fürstin! Sie verzeihen diesen kalten Brief, der gegen „die Sache sehr zu kurtz fält — es ist mir jetzt gantz ohnmöglich „es beßer zu machen — ich bin den gantzen Tag vor Freude und „Wonne wie betrunken, wen sichs etwas zu boden gesetzt hat, „wird meine vernunfft auch wieder zu Haußte kommen — bis dahin „Bittet Frau Aja, daß Jhro Durchlaucht Gedult mit ihr haben „mögten. Uns ist jetzt nichts im Sinne, als die Freude des wie- „der zurückkommens, da soll der jubel von neuem angehn. Gott „bringe Sie glücklich und gesund zurück, dann soll dem alten „Reihnwein in prächtigen Pocalen mächtig zugesprochen werden. „Wüsten Jhro Durchlaucht, wie oft wir mit Freudenthränen an „Jhnen dachten, von Jhnen redeten, wie Frau Aja den Tag seeg- „nete, da die Beste Fürstin Jhrem glücklichen Land einen Carl „August gebohren hat, Der, wie es nun am Tag ist, nicht Sei- „nem Land allein zum Heil gebohren worden, sondern auch dazu, „um auf unsere Tage Wonne, Leben und seeligkeit zu verbreiten — „Wie dann ferner Frau Aja sich nicht mehr halten konte, sondern „in ein Eckelgen ging und ihrem Hertzen Luft machen mußte, so „weiß ich gantz gewiß, die Beste Fürstin hätte Sich unserer Freu- „den gefreut. — Denn das war kein Mondschein im Kasten, son- „dern wahres Hertzensgefühl. Dieses wäre nur so ein kleiner „abriß von denen Tagen, wie sie Gott (:mit dem seeligen Wer- „ther zu reden:) seinen Heiligen auffspart; mann kan hernach immer „wieder was auf den Rücken nehmen und durch diese Werckeltag- „Welt durchtraben und sein Tagewerck mit Freuden thun, wenn „einem solche erquickungsstunden zu theil worden sind. Nun Durch-

---

*) Bis Eberstadt, woselbst die „Bergstraße" erst ihren Anfang nimmt.

„lauchdigfte Fürftin! Behalten Sie uns in gnädigftem Angedencken
„ — der Vater empfiehlt fich ganz befonders — und Frau Aja
„Lebt und ftirbt als

Ihro Durchlaucht

Frankfurth, b. 24ten
September 1799.

unterthänigft treugehorfambfte

Dienerin

C. E. Goethe.“

Inzwifchen waren die Reifenden an jenem Tage bereits vor
Speyer angekommen, von wo Sie über Germersheim und Langen-
kandel nach Sulz vor dem Walde im Elfaß und über Hagenau
nach Straßburg ritten. Bevor diefe Stadt erreicht wurde, trennte
Sich Goethe von den Begleitern, um in Seffenheim das Pfarrhaus
aufzufuchen, welches die Ihm unvergeßliche Friederike barg. In
Straßburg fah Er Frau Elifabeth von Türkheim geb. Schönemann,
jene Lili, welche Ihn im letzten Jahre Seines Aufenthaltes in der
Vaterftadt, vor allen Mitbewerberinnen um Sein Herz, gefeffelt hatte.
Beruhigt über beide von Ihm geliebte Wefen fetzte Er mit dem
Herzoge die Reife fort, deren Ziel das Land des freien Volkes der
Eidgenoffen war, und welche durch die weftliche Schweiz nach Genf,
von da zu den großartigften Erfcheinungen der Alpenwelt, im
Wintermonate durch die Savoyifchen Eisgebirge und den Kanton
Wallis — und hier vollends auch ohne die Begleitung von Webels,
welcher an Schwindel litt, und auf einem anderen Wege demnächft
am Fuße der Alpen wieder mit dem Herzoge zufammentraf — über
die Furka und durch die Thäler von Urferen und Uri zum Vier-
waldftätter See, über Schwyz und Luzern gen Zürich ging, um
hier zu der allfeitigen Bereicherung Ihrer Anfchauungen und Kennt-
niffe, als „das Befte vom Beften“ den frommen Lavater, „die
Blüthe der Menfchheit“, zu befuchen, der in feiner Häuslichkeit in
Liebe wirkend dem Herzoge ein Beifpiel anfpruchslofen Glückes
bieten follte. Damit war Goethe’s Plan durchgeführt. Auf der
Rückreife, über Schaffhaufen nach Stuttgart, wo man zuerft wieder

mit dem Hofleben in Berührung trat, begaben Sich die Reisenden nach Karlsruhe, wo Sie die leidige Langweil und Geistesöde des Hofes durch den Gegensatz vollauf empfanden — so daß Goethe Weimar für ein „Paradies" erklären mußte! — verweilten über die Weihnachtszeit bis nach Neujahr in Darmstadt, besuchten am 2. Schneemonates 1780 das benachbarte Homburg, kehrten am 5. nochmals (aber, wie es scheint, nur flüchtig) in der Casa Santa ein und erreichten über Hanau, Fulda und Eisenach am 13. die Weimarische Heimath.

Verändert erschien der junge Herzog nach dieser, an mächtigen Eindrücken unter Goethe's ausschließlichem Einflusse für Ihn so überreich gestalteten Reise. Er hatte die Natur in ihrer Größe, in ihrem Ernste, Er hatte Menschen in rein menschlichen Verhältnissen, in ihrer Einfalt, Freiheit und Würde kennen und achten gelernt. Wie sehr Er ohnehin schon vorher von dem Gedanken der Gleichberechtigung aller Menschen erfüllt war, wie sehr es Ihm als wünschenswerth erschien, nicht von unterwürfigen sklavisch gesinnten, sondern von wahrhaft adelstolzen Menschen umgeben zu sein, das dürfte deutlich genug hervorgehen aus einer, vielleicht durch die mündliche Weitertragung einigermaßen entstellten, in ihrem Kerne aber kaum bezweifelbaren Aeußerung, welche Sprickmann in Münster, der Freund des Dichters Bürger Diesem brieflich überlieferte, und welche aus einer Erzählung des damals als Kammerjunker am Markgräflich Badischen Hofe lebenden Herrn von Gugumos geschöpft ist.*) Man kann hiernach nicht

---

*) Briefe von und an Gottfried August Bürger. Ein Beitrag zur Literaturgeschichte seiner Zeit u. s. w. herausgegeben von Adolf Strodtmann. Berlin, Paetel. 1844. gr. 8. Zweiter Band. S. 20. Sprickmann an Bürger (Aus Bürger's Nachlasse). — Münster, den 25. Jan. 77. — Da diese Ueberlieferung noch von keinem Goetheforscher benutzt worden ist, so unterlasse ich nicht, dieselbe hier einzuführen. Sie beweist, wie verzweigt damals die Klatscherei über Carl August und Goethe sich ausbreitete und lautet wörtlich (S. 21 f.):

„Coronidis loco will ich Ihnen nun hier noch eine Anekdote in der „ärgerlichen Verläumdungsgeschichte gegen unsern Göthe (sic) hersetzen, die

zweifeln, daß Carl August auf jener Reise mit Goethe Sich erfüllt hatte mit dem Gedanken, die Vorurtheile der Standesunterschiede auszulöschen und Seine Unterthanen zu selbstbewußten, vom Gefühle ihrer Menschenwürde durchdrungenen Bürgern zu erziehen. Man bedenke, wie sehr solche Gedanken der damaligen Zeit entsprachen, wo die Kunde von dem Freiheitskampfe der Nordamerikaner

„mich von neuem überzeugt, daß Bosheit und Neid seine besten Handlungen „verdrehen, um nur über seine Sünden schreyen zu können. Wir haben „hier einen Baron Gugumos, ein Kerl nicht ohne Kopf, sogar Dichter, wie „er selbst sagt, und ich auch sonst wohl gehört hatte. Er ist an dem Darm„städtischen Hofe†) ich weiß nicht was, aber doch was, noch, oder gewesen, „denkt daher sehr höfisch. Mit dem sprach ich vor einigen Tagen von Göthe; „er sezt' ihn als Dichter, so hoch, wie der Junge es verdient, aber als „Mensch so tief herunter, wie ers unmöglich verdienen kann. Ich wider„sprach ihm, wie Sie denken können, mit Hize; denn es ist mir immer, „als wenn ich eher von meinem Vater könnte übels sagen hören, als von „Göthe††). Nachdem Gugumos denn nun alles ausgekramt hatte, altes „und neues, und ich ihm alles ableugnete, eben weil er es von so sichern „Händen, wie er sagte, wußte, nämlich den Ministern und andern kleinen „Großen Leuten vom Hofe zu Weymar, so rückte er endlich mit einer Ge„schichte hervor, die mich auf einmal entwafnen, und überzeugen sollte, daß „Göthe den Herzog von Grund aus verderbe, und ihm Grundsätze bey„brächte, die einem regierenden Herrn höchst unanständig wären. Ein „Lord Chesterfield war, wie Gugumos sagte, und von diesem Lord „selber wollte gehört haben, in Weymar. In einem Gespräche über Eng„land, schämte der Herzog sich nicht, folgende Unanständigkeiten sich entfallen „zu lassen:

„„Ich beneide Euch, Milord!

„„Warum?

„„Ihr seid in Eurem Vaterlande groß, aber doch ist jeder euerer Mit„bürger euch gleich genug, sich selbst gegen euch, wenn Ihr ihm zu nahe

†) Einen von Gugumos als Kammerjunker des Markgrafen von Baden fand ich in Dr. F. Heiligenthal's Geschichte der Stadt Baden und ihrer Bäder. Carlsruhe. 1879. S. 63 ff.

††) Zur Kennzeichnung der schwärmerischen Verehrung, welche Sprickmann Goethen zollte, dient eine Aeußerung desselben in seinem Briefe an Boie vom 18. Juli 1776. Vgl. bei Strodtmann a. a. O. S. 21.   Dr. O. B.

den lebhaftesten Antheil in der Alten Welt erregte. Hatte doch Goethe im Jahre 1775 mit Lili gelegentlich von einer Uebersiedlung nach Amerika geträumt, um den beengenden Gesellschaftszuständen Seiner Vaterstadt zu entgehen, wo, zwischen dem geldstolzen Handelsgeiste der Reformirten und dem Altbürgerthume und Würdenbünkel der Lutheraner, dem liebenden Paare keine erträgliche Lebensgestaltung möglich erschien. Und die Schlagworte „Freiheit und Gleichheit" waren ja von der Russischen Kaiserin Katharina II. zuerst in die Welt gerufen, um durch dieselben eine kräftigere, widerstandsfähigere Verfassung der Polen zu verhindern. Wir dürfen uns also nicht wundern, wenn selbst in dem jugendlichen Feuergeiste eines Fürsten der damaligen Zeit diese Worte Anklang fanden, mit welchen Frankreich sich gegen das Joch des Herkommens aufzubäumen begann, und welche selbst die besonnensten Staatsmänner nicht völlig kalt ließen. Auch Wieland, und gewiß die Gesammtheit der bewegteren Geister des Weimarischen Kreises, schwärmte für Menschenwürde, Freiheit und Gleichheit. Daher begrüßte er das Ergebniß der Reise Carl August's jubelnd als Goethe's Meisterwerk.

Von dem Vorübergehenden, Aeußerlichen, der Anregungen, welche der junge Herzog durch diese Reise empfangen hatte, wenden wir unsere Blicke zu dem Dauernden, Innerlichen, dessen Nachwirkungen und Folgen in dem ganzen langen Leben des edlen Fürsten unverkennbar sind. Mit voller Genugthuung vergegenwärtigen wir uns die unvergleichlichen Tage, wo in den bescheidenen Räumen dieses Hauses der Fürstliche Gast weilte und auch mit Beziehung auf Ihn dürfen wir Goethe's Wort hier wiederholen:

„tommt, Recht zu geben; aber ich — wenn ich einem hier eine Ohrfeige „gebe, keiner könnte oder würde mir eine wieder geben.

„Nun was sagt Ihr, Bürger? Wenn Göthe das einem Herzog zum „Gefühl machen konnte — ist das nicht leicht so göttlich als eine Stella zu „machen? Und das nannte das Menschenkind unanständig? Ich will aber „auch nichts mehr mit ihm zu thun haben, eh er das wieder gutmacht."

Die Stätte, die ein guter Mensch betrat
Ist eingeweiht; nach hundert Jahren klingt
Sein Wort und seine That dem Enkel wieder.

Und abermals nach eines Jahrhunderts Wende wird man, glänzender
als heute, in diesen Räumen die Erinnerung jener Tage feiern.

———

In den folgenden beiden Wochen wurde den Stiftsgenossen
und den Besuchern des Goethehauses in dem vom Herzoge Carl
August vor hundert Jahren „für Zuspruch" benutzten Hauptzimmer, sowie in einigen anderen Räumen, eine Ausstellung
von Erinnerungsgegenständen offen gehalten, welche sich auf
den Weimarischen Hof und den schöngeistigen Kreis der dortigen
Umgebung Goethe's bezogen. Neben Druckschriften und Hand-
schriften, sowie Denkmünzen, zweien Planen von Weimar, dem
einen vom Jahre 1599, dem andern von 1785, welcher somit die
Stadt noch ziemlich genau in dem Zustande darstellt, in welchem
sich dieselbe bei Goethe's Eintritt befunden hatte, landschaftlichen
Abbildungen in Steindruck und Kupferstich, heben wir hervor das
große Pracht-Oelgemälde, welches den Park von Weimar vor
Goethe's Gartenhäuschen vor Augen führt, das vortreffliche
Werk des Freiherrn Ludwig von Gleichen-Rußwurm MrFDH,
des Sohnes von Schiller's jüngster Tochter Emilie. Dieses
Gemälde befindet sich, als Geschenk des genannten Meisters, in
dem Zimmer der Frau Rath im zweiten Stocke des Goethehauses,
welches Zimmer vor hundert Jahren die Gelbe Stube oder auch
die „Weimarische" Stube genannt wurde. In demselben umgab
sich des Dichters Mutter mit den Gegenständen, welche man ihr
zur Vergegenwärtigung Weimar's von letzterer Stadt aus zusandte.
Insbesondre die Herzogin Anna Amalia schickte gelegentlich „wieder
etwas vor das Weimarische Zimmer".*) Wie sehr würde ein

---

*) „Frau Rath". A. a. O. S. 123.

solches Bild des Parks vor Goethe's Garten die Frau Rath erfreut haben, die gewiß so oft auf diesem Zimmer sehnsuchtsvoll ihres Sohnes gedachte und sich Seine Umgebung vorzustellen suchte. Jetzt ist auch sie nur im Bilde auf diesem Stübchen zu finden — aber ihrem Bilde gegenüber prangt das herrliche Gemälde. Welch reizvolles Spiel des Schicksals, daß Schiller's Enkel den Wunsch der Mutter Goethe's erfüllen mußte. Und eine weitere Fügung hat gewollt, daß an der dritten Wand dieses Zimmers ein Bildniß der Mutter des Freiherrn von Gleichen seinen Platz gefunden hat, ein Bildniß der Tochter Schiller's, nach dem Leben gemalt vom Maler Wolf ein Jahr vor ihrem Tode (1875), ein Geschenk des hochverehrten Stiftsgenossen, Herrn Kanzleirathes Dr. jur. Adolf Müller PFDH in Frankfurt a. M. — Schau't Frau Rath die glückliche Mutter im Bilde gedankenselig nach dem Parkgemälde, so nicht minder die Freifrau von Gleichen-Rußwurm nach dem Werke ihres Sohnes, der den schönen Gedanken hatte, sein Meisterwerk gleichsam zur Erfüllung eines Wunsches nach hundert Jahren der Mutter des Dichters darzubringen, welcher mit seinem Vorfahren, dem großen Schiller, durch so innige Freundschaft verbunden war. Die Gedanken, welche durch diese sinnige Verflechtung von Beziehungen erregt werden, waren, von dem d. Z. Obmann des F. D. H. in gebundener Rede ausgedrückt, dem v. Gleichen'schen Gemälde beigegeben. So dürfen dieselben wohl auch hier einen Platz finden. Sie stellen das Jahr der Schenkung (1877) dem um ein Jahrhundert voraufgegangenen Jahre (1777) gegenüber, in welchem Frau Rath sich bereits an den Gedanken hatte gewöhnen müssen, ihren Wolfgang für immer in Seiner neuen Heimath zu suchen.

Zu des Freiherrn Ludwig von Gleichen-Rußwurm MrFDH Gemälde:

„Blick in den Weimarischen Park vor Goethe's Garten."

1777.

In diesem Stübchen saß Frau Rath,
Gedachte Wolfgangs früh und spat:

„O, könnt' ich wandeln ihm zur Seiten,
Ihn durch die reiche Welt begleiten!"

Zu Weimar aus dem Gartenhaus'
Schaut Wolfgang in den Park hinaus:
„O, Mutter! könntest Wald und Auen
Mit meinen Augen du erschauen!"

Die Mutter denkt der Märchenzeit,
Die liegt nun hinter ihr so weit; —
Dem Wolfgang unter jedem Baum'
Steigt auf der Schönheit Märchentraum.*)

Da gilt nicht Raum, da gilt nicht Zeit —
Gedanken strömen schnellbereit:
Zukünft'ges Sein, vergang'nes Leben,
Getrennte Welten, sich durchweben! —

1877.

Ein Enkel naht — des Stammes Frucht,
Der ewig Seines-Gleichen sucht —
Und leiht, nach des Jahrhunderts Wende,
Des Dichters Wünschen seine Hände.

„Frau Aja, hier, schau' an — so lacht
Um Wolfgangs Heim die Waldespracht!
Traum, der aus Wirklichkeit entquillt,
Ist Seine Welt, ist dieses Bild!" —

Und nebenan, zur rechten Hand,
Das Augenpaar an jener Wand? —
— So blickt des großen Schiller's Sprossin,
Jetzt hier Frau Goethe's Hausgenossin —

Begrüßt mit Seligkeit das Bild,
Fühlt Mutter-Sehnsucht auch gestillt
— — Zwei Mütter, freudvoll ob den Söhnen,
Vereint im Wahren, Guten, Schönen!

---

*) Das Gemälde zeigt im Vordergrunde einen Elfenreigen aus den Nebeln der den Wald durchströmenden Ilm gewoben.

Der Märchentraum ist Wirklichkeit!
Wir warfen ab der Zeiten Kleid,
Zu sel'gem Ineinanderweben
Im einen All, im ewgen Leben!

Goethehaus 13. Christmonates 1877.   Dr. O. V.

Selbstverständlich fehlte unter den ausgestellten Bildnissen
Goethe's weder das Lichtbild nach dem Gemälde von Kraus
(vgl. S. 430, b) von 1776, noch dasjenige nach dem Gemälde von
May vom Jahre 1779, dessen Urbild sich im Besitze des
Freiherrlich von Cotta'schen Hauses in Stuttgart befindet, und
welches den Dichter gerade in Seinem dreißigsten Lebensjahre
darstellt.

Den Glanzpunkt der Ausstellung aber bildeten im Zuspruch=
Zimmer, neben verschiedenen Kupferstich=Bildnissen des Herzogs
Carl August, der Herzogin Luise und der Herzogin=Mutter
Anna Amalia, die von Seiner Königlichen Hoheit dem
Großherzoge Carl Alexander Allerhuldreichst übersandten
Bildnisse:

1. Pastellgemälde der Herzogin Anna Amalia, Höhe
29 Centimeter, Breite 23,8 Centimeter, Rundform. Eine Schrift
auf der Kehrseite lautet: „Die Herzoginn Anna Amalia von Sachsen
Weimar aus dem Toiletten Zimmer Ihro Kaiserlichen Hoheit der
Frau Großherzoginn Großfürstinn zu Weimar." Das Bild trägt
weiter die Bezeichnung „fideicommiss." Dasselbe stellt die an=
muthigste weibliche Schönheit dar. Das Haar ist blond, gepudert,
mit weißem Bande gehalten. Die Augen graulich blau; die Ge=
sichtsfarbe äußerst zart, frisch, schwach geröthet. Die Herzogin trägt
ein weißes Kleid mit blaßblauen Franzen und einen Umhang von
licht rehfarbigem röthlich schillerndem Stoffe. Keine Spur eines
Schmuckes oder Kleinodes. — Ein Zeichen des Künstlernamens
findet sich nicht.

2. Pastellgemälde des Herzogs Carl August, Höhe 17,6 Centi=
meter, Breite 13,4 Centimeter, rechteckig. Eine Schrift auf der
Rückseite lautet: „Carl August Herzog zu Sachsen." Das Bild

stellt den Herzog im Alter von 60 Jahren dar. Sein Haar ist
schwärzlich blond, mit grau gemischt. Die Augen blaugrau; die
Gesichtsfarbe sehr frisch. Vor dem rechten Ohre bemerkt man
Spuren eines bereits mit Grau gemischten Backenbartes. Bekleidet
ist der Herzog mit schwarzer Halsbinde, weißer Weste, dunkel=
blaugrauem Ueberrocke. Keinerlei Schmuck, noch Orden. Ueber
dem Kragen rechterseits steht des Künstlers Inschrift: Bruni
f. 1817.

3. Pastellgemälde des Herzogs Carl August, Höhe 30 Centimeter, Breite 23,4 Centimeter, Rundform. Die Inschrift auf der
Kehrseite lautet: „Karl August Herzog dann Großherzog von
Sachsen=Weimar. Aus dem Toiletten=Zimmer Ihro Kaiserlichen
Hoheit der Frau Großfürstinn Großherzoginn zu Weimar" ferner
„fideicommiss." Das Bild stellt den Herzog als Jüngling dar —
vielleicht gerade beim Antritt Seiner Volljährigkeit. Eine äußerst
blühende Erscheinung. Das Haar ist weiß gepudert und mit Zopf=
beutel und Band gefaßt. Die Gesichtsfarbe ist jugendfrisch, ziem=
lich stark geröthet. Die Augen strahlen vergißmeinnichtblau. Von
Bart zeigt sich keine Spur. Die Kleidung läßt, außer weißem
Hembkragen und Brustkrause, nur den himmelblauen Kleidrock
erkennen; unter diesem auf der Brust ein himmelblaues Ordens=
band; auf dem Rocke rechterseits ein silberner Stern.

Hinzugefügt war endlich aus dem Besitze des F. D. H.:

4. Lichtbild nach einem Oelgemälde, den Herzog Carl
August als eilfjährigen Knaben darstellend. Das vortreffliche
Gemälde, von Zieseniß, befindet sich im Besitze des Kestner'schen
Hauses in Hannover. Das Lichtbild ist eine Widmung, welche
der Sohn von Charlotte Kestner geb. Buff aus Wetzlar, der Herr
Archivrath Gustav·Kestner PFDH († 1867 im Alter von
93 Jahren) zu Hannover dem F. D. H. dargebracht hat.

Endlich gedenken wir noch der nachträglich hinzugekommenen
lebensgroßen Büste des Herzogs Carl August, Denselben,
ganz dem obigen Bildnisse unter 2. entsprechend, wohl auch im
Alter von 60 Jahren, darstellend — ein Allergnädigstes Geschenk

Seiner Königlichen Hoheit des Großherzogs Carl Alexander, welches fortan Goethe's Vaterhaus und insbesondre das Zuspruchs-Zimmer des Herzogs, jetzt Sitzungs-Zimmer des F. D. H. schmückt.

Es sei bei diesem Anlasse daran erinnert, daß auch vor hundert Jahren eine Büste des Herzoges nach Dessen Besuch in das Goethehaus gelangte und zwar als Geschenk des jungen Fürsten Selber an den Herrn Rath Goethe.*) Vermuthlich wird dieselbe nach dem Tode der Frau Rath wieder nach Weimar gelangt und vielleicht noch jetzt im dortigen Goethehause in des Dichters Nachlasse vorhanden sein.

---

*) Vgl. den Brief des Herzogs Carl August vom 31. Januar 1780 an Merck, in Wagner's Briefe an Merck. Darmstadt 1835. S. 210 f. und in R. Keil's: „Frau Rath." S. 162. —